經典 少年遊

013

U0039991

辛棄疾
豪放的英雄詞人

Hsin Ch'i-chi
The Passionate Patriot

繪本

故事◎張瑜珊
繪圖◎陳柏龍

又是風和日麗的一天，辛棄疾想出門走一走，也許外頭的好天氣能為他帶來寫詞的靈感。他遠望著天空與原野的交界，想起小時候的夢想，也想起始終無法完成的心願。

辛棄疾是誰呢？他是宋朝的「豪放派」詞人，還是個擅長帶兵打仗的將領。

小時候，爺爺總是帶著他望向南方，要他不能忘記自己是宋朝人，還要收回被金人佔領的土地。

年幼的他，好像聽懂了爺爺的話。雖然看不到皇帝和京城，卻看到了一個強壯的宋朝。

趕走金人，成為辛棄疾最大的夢想。

二十多歲的時候，他帶著幾個人闖入金朝的領地。捉了首領張安國，還獲得南宋皇帝的召見，他想著：「我就要實現心願了！」

那段日子，應該是最接近夢想的時刻了吧！

7

二十三歲的時候，他成了南宋的官員。

之後，他組織了一支部隊，夜以繼日地訓練，等待北上討伐金人，收回宋朝失土。

9

只是，不管他多麼努力，皇帝始終不答應開戰。此時的宋朝，愈來愈虛弱。其他人都認為應該用錢換取和平，而不是打仗。最後，他只能離開，隱居在江西的帶湖邊。

住在帶湖邊，他過著平淡自得的生活。他很愛帶湖，尤其是那一大片翠綠又澄淨的湖水。

他特別喜歡跟小朋友說話，讓
他想起小時候。他真想像爺爺
那樣，告訴小朋友：「等你長
大了，一定要好好保護自己的
家。」

雖然他退休了， 卻始終放不下心中的夢想。 他總是登上高樓， 望著北方， 像是當年跟著爺爺一起望向南方一樣。

14

想_{ㄒㄧㄤˇ}當_{ㄉㄤ}年_{ㄋㄧㄢˊ}，　他_{ㄊㄚ}可_{ㄎㄜˇ}是_{ㄕˋ}帶_{ㄉㄞˋ}領_{ㄌㄧㄥˇ}千_{ㄑㄧㄢ}軍_{ㄐㄩㄣ}萬_{ㄨㄢˋ}馬_{ㄇㄚˇ}，　一_ㄧ路_{ㄌㄨˋ}追_{ㄓㄨㄟ}到_{ㄉㄠˋ}江_{ㄐㄧㄤ}邊_{ㄅㄧㄢ}，　把_{ㄅㄚˇ}敵_{ㄉㄧˊ}人_{ㄖㄣˊ}殺_{ㄕㄚ}個_{ㄍㄜˋ}片_{ㄆㄧㄢˋ}甲_{ㄐㄧㄚˇ}不_{ㄅㄨˋ}留_{ㄌㄧㄡˊ}。

而_{ㄦˊ}現_{ㄒㄧㄢˋ}在_{ㄗㄞˋ}，　他_{ㄊㄚ}只_{ㄓˇ}能_{ㄋㄥˊ}在_{ㄗㄞˋ}湖_{ㄏㄨˊ}邊_{ㄅㄧㄢ}寫_{ㄒㄧㄝˇ}著_{ㄓㄜ}詞_{ㄘˊ}，　遙_{ㄧㄠˊ}想_{ㄒㄧㄤˇ}著_{ㄓㄜ}從_{ㄘㄨㄥˊ}前_{ㄑㄧㄢˊ}。

湖邊生活雖然很平靜，但他的內心卻像是少了些什麼。

16

他ㄊㄚ一ㄧ個ㄍㄜ人ㄖㄣ划ㄏㄨㄚ著ㄓㄜ小ㄒㄧㄠ船ㄔㄨㄢ， 在ㄗㄞ月ㄩㄝ色ㄙㄜ中ㄓㄨㄥ
緩ㄏㄨㄢ緩ㄏㄨㄢ推ㄊㄨㄟ向ㄒㄧㄤ湖ㄏㄨ心ㄒㄧㄣ。

高ㄍㄠ山ㄕㄢ湖ㄏㄨ水ㄕㄨㄟ都ㄉㄡ沉ㄔㄣ默ㄇㄛ不ㄅㄨ語ㄩ， 可ㄎㄜ是ㄕ他ㄊㄚ
有ㄧㄡ好ㄏㄠ多ㄉㄨㄛ話ㄏㄨㄚ想ㄒㄧㄤ說ㄕㄨㄛ。

他也試著走入喧嘩吵鬧的人群，但卻被五顏六色的光芒，弄疼了眼睛。

可是，他仍然找不到能聽他說話的人。

天漸漸暗了， 月光悄悄灑落一地。
月亮仍然是小時候的月亮， 土地也
是從前的土地， 可是他已經不是當
年的他了。 嘆了口氣， 辛棄疾慢慢
地走回家。

21

辛棄疾
豪放的英雄詞人

讀本

原著◎辛棄疾
原典改寫◎岑澎維

辛棄疾是個豪情干雲的作家，
他的一生，出現了什麼樣重要的人？

辛棄疾（1140～1207年），字幼安，號稼軒。他是宋朝作家，寫的詞屬於豪放派，被稱為「詞中之龍」。他出生於山東，當時遭到金人的佔領，因此從小立志要反抗金人，恢復宋朝。後來他曾率領許多人起兵反金，當官時，也不忘時時訓練軍隊，因此寫出了許多豪放雄壯的作品，一直流傳到後世。可惜他仍然無法實現理想，最後只能隱居在江西的帶湖邊。

辛棄疾的爺爺。他們住在山東濟南，當時為金人所佔領。辛棄疾小的時候，他的爺爺就一再告訴他：「要記得我們是宋朝人，別忘了有一天要收復這片失土。」

辛棄疾

相關的人物

辛贊

完顏阿骨打

完顏阿骨打被尊為金太祖，他統一了北方的女真族，在1115年建立金國，相繼消滅契丹與宋朝。圖為1115年，宋朝人民為抵抗金國而作準備的景象。

陳亮

辛棄疾的好朋友，又叫陳同甫。他擁有和辛棄疾一樣的抱負，寫的詞也一樣充滿愛國的理想。辛棄疾曾寫詞送給他，分享自己的夢想，以及無法達成夢想的心情。

張安國

張安國原本也一同抗金，但是最後卻背叛同伴，向金人投降。辛棄疾非常生氣，帶領著幾十個人，衝進張安國的軍營，把他捉走，最後處死。

蘇軾

宋朝文學家，詩詞文賦樣樣擅長。蘇軾突破了戀愛與離愁的題材，開創宋詞的「豪放派」，而辛棄疾也屬「豪放派」，被合稱為「蘇辛」。雖然他們是「豪放派」的代表作家，但是作品風格仍有不同。王國維認為，東坡詞曠達，辛棄疾的詞則是豪放，也認為要是沒有這兩人的胸襟，而只想模仿他們的寫詞方式，最後也只是東施效顰而已，可見他給「蘇辛」多麼高的評價。

抗金名將

積弱不振的宋朝，雖然偏安南方，卻仍有不少心懷北伐大志的大臣，如宗澤、岳飛與辛棄疾。宋高宗時，宗澤重用岳飛，力抗金國軍隊。可惜宗澤最後病逝，而岳飛也被以「十二道金牌」召回朝廷，死於「莫須有」的罪名之下。圖為抗金名將宗澤。

宗忠簡

辛棄疾當了不少官，卻始終無法實現理想，看看他的一生出現了什麼重要的大事？

1140 年
辛棄疾出生於山東濟南。此時的山東被金人所佔領，讓辛棄疾從小立定抗金的志向。

出生

1162 年
辛棄疾由於抗金的勇敢行動，受到皇帝宋高宗召見，任命他為江陰簽判，此時名聲非常顯赫。

抗金殺賊

相關的時間

孝宗北伐

寧宗召見

TOP PHOTO

1163 年
宋孝宗即位後，下定決心派人北伐，但是不到一個月便失敗，宋朝軍隊損失慘重。因此，隔年便與金人簽訂了「隆興和議」，以維持四十多年的和平。左圖為同年所鑄的隆興元寶，上面的書法稱為「錢文」，不僅展現了字體的雅韻，也展現了對稱的美感。

1168 年
辛棄疾受到宋寧宗召見，努力說明收復北方失土的重要，卻沒有得到皇帝的同意。之後陸續到滁州、江陵當地方官。

1180 年
辛棄疾在湖南轉運使任內訓練了
一批地方軍隊,名為「飛虎」,
聲名浩大,連金人都非常害怕。

1181 年
辛棄疾到江西的帶湖邊興建了房
屋與莊園,並且把房子命名為「稼
軒」,自稱為「稼軒居士」。

1196 年
帶湖旁的莊園失火,辛棄疾便搬
家到瓢泉,過著自由自在、走訪
山水的生活。

1206 年
宋寧宗想再度任用辛棄疾,但辛
棄疾自己上疏辭掉。

1207 年
辛棄疾抱著理想沒有實現的遺憾
過世。

辛棄疾的性格豪爽，才情奔放。不管是打仗的決心，還是描寫景物的俏皮，他的個性完全展現在作品中。

最早為辛棄疾收集詞作的是他的弟子范開，至今，共有《稼軒長短句》十二卷，《稼軒詞》四卷傳世。 這些作品讓我們看到愛國詩人想帶兵打仗的豪氣，還有無法實現夢想的感傷。

辛棄疾和蘇軾的詞皆是豪放派的代表，被稱為「蘇辛」。他們所作的詞題材很寬廣，既可以寫歷史和戰爭，也能歌詠大自然的美景。還能透過作品，抒發對於人生的感慨，有時候顯現了深思熟慮，有時卻也表現俏皮與趣味。讓大家看到，原來在婉約柔美以外，詞還能有這麼豐富的面向。

稼軒詞

相關的事物

豪放詞人

去國帖

〈行書去國帖〉是目前唯一能看到的辛棄疾的書法作品，現藏於北京故宮。他在裡面寫著此時忙碌於公事，不敢懈怠的心情，也顯現他北伐征討的決心。

芹菜

〈美芹十論〉是辛棄疾想向皇帝說明反抗金人，收復土地的大事。芹是芹菜，為何稱自己寫的文章為芹菜呢？這是因為古人認為芹菜只是小小的禮物，而獻上芹菜則是表現自己誠意十足的樣子。

兵器

雖然宋朝重文輕武，偏安南方之後，還總是以錢幣換取和平，不願積極開戰。但是也別小看宋朝的武器發展！下圖為宋元時期所鑄的銅質流星鎚。據說流星鎚於隋唐時出現，是易於攜帶、卻也非常難練的兵器。

花燈

農曆正月十五日為「上元節」，又稱為「元宵節」，而在這天吃浮圓子（即湯圓）的習俗，就是源自宋朝。上元節是要慶祝天官大帝的生日，家家戶戶都會掛起花燈。辛棄疾寫過一首非常有名的詞，就是他看花燈的心情。他說那些花燈多得像是樹上盛開的花朵，又漂亮又燦爛，掛了一整晚。

辛棄疾抱著夢想，從山東開始，最後到了江西，
雖然沒有實現理想，這一路上又看到了什麼風景？

鬱孤臺位於江西的贛州市，吸引了很多文人到此遊玩。辛棄疾曾在途經江西造口時，望著對面的鬱孤臺，吟起了「鬱孤臺下清江水，中間多少行人淚」，至今，鬱孤臺下還立了一座辛棄疾的塑像。

辛棄疾是山東歷城人，也就是現在的濟南。宋朝時歷城被金兵佔領，因此他從小便生長在金朝的土地上，然而心中想的全都是抗金復宋的大業，這裡可說是他愛國與抗金的起點！

鬱孤臺

稼軒祠

相關的地方

TOP PHOTO

鵝湖山位在鉛山縣，南宋時著名學者朱熹、陸九淵等人相會於附近的鵝湖寺，史稱「鵝湖之會」。有一天，辛棄疾的好友陳亮專程從浙江到江西找他，兩人在鵝湖旁飲酒賦詩，傾訴彼此滅金復國的志向，史稱「第二次鵝湖之會」。

TOP PHOTO

鵝湖山

瓢泉

瓢泉在江西鉛山縣的山下，是辛棄疾搬到這邊時所發現的天然泉水。由於周邊的石潭外型酷似撈水的水瓢，便把這處泉水命名為瓢泉。辛棄疾非常喜歡這處泉水，甚至還在瓢泉邊蓋了新房子，之後帶湖的住家失火了，他就帶著全家人一同搬到這裡。

鉛山

辛棄疾在鉛山地區待過很長一段時光。現在鉛山的紫溪鄉裡面有個村落，住的都是辛棄疾的後代子孫。這些辛棄疾的後裔們代代相傳著有關辛棄疾的兩件古物：辛棄疾的家譜與畫像。

陽原山

辛棄疾一生官運並不順遂，抱著遺憾和怨恨回到瓢泉，之後得了重病。病中皇帝曾希望他到杭州赴任，可惜他病得太嚴重，最後逝世在瓢泉。家人將他葬在瓢泉後的陽原山上。

原典

醜（ㄔㄡˇ）奴（ㄋㄨˊ）兒（ㄦˊ）——書（ㄕㄨ）博（ㄅㄛˊ）山（ㄕㄢ）道（ㄉㄠˋ）中（ㄓㄨㄥ）壁（ㄅㄧˋ）

少（ㄕㄠˋ）年（ㄋㄧㄢˊ）不（ㄅㄨˋ）識（ㄕˋ）[1] 愁（ㄔㄡˊ）滋（ㄗ）味（ㄨㄟˋ），

愛（ㄞˋ）上（ㄕㄤˋ）[2] 層（ㄘㄥˊ）樓（ㄌㄡˊ）[3]。

愛（ㄞˋ）上（ㄕㄤˋ）層（ㄘㄥˊ）樓（ㄌㄡˊ），

為（ㄨㄟˋ）賦（ㄈㄨˋ）[4] 新（ㄒㄧㄣ）詞（ㄘˊ）強（ㄑㄧㄤˇ）說（ㄕㄨㄛ）愁（ㄔㄡˊ）。

1. 識：了解
2. 上：登上
3. 層樓：高樓
4. 賦：寫作

而今識盡[5]愁滋味，

欲說還休[6]。

欲說還休，

卻道[7]「天涼好箇[8]秋」！

5. 識盡：看遍
6. 欲說還休：想說又開不了口
7. 道：說
8. 箇：同「個」

換個方式讀讀看

　　想起年少的時候，純潔得像一張白紙，想法簡單，卻也懷抱著救國救世的胸襟，最喜歡學古代的文人那樣，登上高樓向遠方看去。

　　當時的我，對於憂思愁苦缺乏真切的體驗，沒有親歷深刻揪心的苦痛。只是喜愛登上高樓，以此激發我的詩興，在高高的樓層上反覆吟詠，推敲字句，鍛鑄新詞。只是，少不更事的我，怎麼識得那百轉千迴的愁滋味呢！我也只能學著他人、勉強說出些愁悶的話而已。

　　那個喜歡在高高的樓層上吟唱歌詠的少年，那個胸懷大志，意氣風發的少年，那個季節一變化，便有無數感受而想寫下經典作品的少年，現在還是這樣嗎？

　　已經不是了。不知道什麼時候開始，白髮一根一根冒出來，一路上遭遇過無數的磨練和挫折，真正令人痛心的是，無法如心所願。

　　早就習慣了這樣，究竟什麼事，讓我這麼牽腸掛肚呢？

究竟經歷了什麼事，讓我識盡了愁苦的滋味？當年，我殺掉叛賊張安國，獲得宋高宗的召見，派我到江陰當簽判。

　　我以為北伐大業即將展開，以為能率領千軍萬馬收復國土。因此，我夜以繼日地訓練軍隊，時時刻刻警惕自己不可鬆懈。只是，這些理想無法獲得共鳴。我等了又等，滿腔熱血已化為萬縷愁思。

　　原來，這才是真正的愁苦。想說，有誰可說？就算有人可以傾訴，說了又有什麼用呢？只是徒增困惱罷了，只是再加深一層愁苦而已。

　　我只能勉強苦笑，假裝灑脫，好像我已不在意那些壯志，好像我已能拋開束縛，僅是談論這秋高氣爽的天氣。

　　只是，在我心中，這些苦悶如何能輕易散去？

　　於是，我終於明白，這些深沉的愁苦啊！怎麼會是當年純真的我所想得那麼簡單。

原典

菩(ㄆㄨ)薩(ㄙㄚ)蠻(ㄇㄢ)——書(ㄕㄨ)江(ㄐㄧㄤ)西(ㄒㄧ)造(ㄗㄠ)口(ㄎㄡ)壁(ㄅㄧ)

鬱(ㄩ)孤(ㄍㄨ)臺(ㄊㄞ)[1]下(ㄒㄧㄚ)清(ㄑㄧㄥ)江(ㄐㄧㄤ)水(ㄕㄨㄟ)，

中(ㄓㄨㄥ)間(ㄐㄧㄢ)多(ㄉㄨㄛ)少(ㄕㄠ)行(ㄒㄧㄥ)人(ㄖㄣ)淚(ㄌㄟ)。

西(ㄒㄧ)北(ㄅㄟ)望(ㄨㄤ)[2]長(ㄔㄤ)安(ㄢ)，

可(ㄎㄜ)憐(ㄌㄧㄢ)[3]無(ㄨ)數(ㄕㄨ)山(ㄕㄢ)。

1. 鬱孤臺：古臺名，位於江西
2. 望：看向
3. 可憐：令人憐憫、惋惜

青山遮⁴不住，
畢竟東流去。
江晚正愁余，
山深⁵聞⁶鷓鴣⁷。

4. 遮：阻擋
5. 山深：深山
6. 聞：聽到
7. 鷓鴣：鳥名

換個方式讀讀看

　　我想起當年，金兵一路追著隆祐皇太后來到江西造口這個地方，國家將要被滅的瞬間，幸好皇太后怕被襲擊，不敢搭上小船，改換衣服假扮成農婦，終於逃過金人的追殺。

　　這一切就在造口這地方發生。

　　如今我來到造口，這個對殘破的山河有重大意義的地方。我在這裡徘徊流連，想起當年發生過的種種事情，不免輕嘆幾句。

　　那從偏遠南方往北而流的清江水，在鬱孤臺下繞了個彎，好像打了一個結，愛戀著這個地方不忍離開。但不久它還是得往北流，注入鄱陽湖裡。這緩緩流動的江水，帶著多少悽苦的往事呀？這低聲吟唱的江水，裡頭又攪著多少過往行人的傷心淚呢！

　　一切真的說不清了。無論是故國被佔領也好，現在南遷避難也好，在這河邊發生過的事，就足以讓我流下數不清的淚滴。

　　淪陷在金人手中的長安家園，在西北方的千里之外，想看也看不見、

想回也回不了。抬起頭往遠處看，多少重的山嶺把長安故城遮住了。讓我數一數看一看，如果一層山就是一層思念，眼前層層相疊的山嶺，可以把人折磨成什麼樣子呢？

這麼多的山嶺，可以把一切都遮住嗎？

除了無限的思念之外，還有這眼前不曾斷絕的江水。江水無言地流過，就算山嶺再高聳，也阻止不了它，江水就是要向東流去，就像我愛國的熱情、想收復國土的壯志，是怎麼也阻擋不了的。

天色慢慢深了，我還是待在江邊，不想移動我的腳步。像暗夜一樣深沉的憂傷，從四周輕輕地包圍過來；被夜色一層一層抹黑的遠山之中，不時傳來鷓鴣啼叫。

那叫聲穿過黑夜，迅速地穿透我的心。好像在向我訴說：「你怎麼會這麼落寞？這麼無助？難道就要看著國家被人侵佔，而一點點辦法都沒有嗎？」

原典

破ㄆㄛˋ陣ㄓㄣˋ子ㄗˇ

──為ㄨㄟˋ陳ㄔㄣˊ同ㄊㄨㄥˊ甫ㄈㄨˇ賦ㄈㄨˋ壯ㄓㄨㄤˋ詞ㄘˊ以ㄧˇ寄ㄐㄧˋ之ㄓ

醉ㄗㄨㄟˋ裡ㄌㄧˇ挑ㄊㄧㄠ燈ㄉㄥ[1]看ㄎㄢˋ劍ㄐㄧㄢˋ，

夢ㄇㄥˋ回ㄏㄨㄟˊ吹ㄔㄨㄟ角ㄐㄩㄝˊ[2]連ㄌㄧㄢˊ營ㄧㄥˊ[3]。

八ㄅㄚ百ㄅㄞˇ里ㄌㄧˇ分ㄈㄣ麾ㄏㄨㄟ下ㄒㄧㄚˋ[4]炙ㄓˋ，

五ㄨˇ十ㄕˊ弦ㄒㄧㄢˊ翻ㄈㄢ塞ㄙㄞˋ外ㄨㄞˋ[5]聲ㄕㄥ。

沙ㄕㄚ場ㄔㄤˇ[6]秋ㄑㄧㄡ點ㄉㄧㄢˇ兵ㄅㄧㄥ[7]。

1. 挑燈：點燈
2. 吹角：吹起號角
3. 營：軍營
4. 麾下：部下
5. 塞外：長城以北的地區
6. 沙場：戰場
7. 點兵：召集士兵

馬ㄇㄚˇ作ㄗㄨㄛˋ的ㄉㄜ˙盧ㄌㄨˊ[8]飛ㄈㄟ快ㄎㄨㄞˋ，

弓ㄍㄨㄥ如ㄖㄨˊ霹ㄆㄧ靂ㄌㄧˋ[9]弦ㄒㄩㄢˊ驚ㄐㄧㄥ。

了ㄌㄧㄠˇ卻ㄑㄩㄝˋ[10]君ㄐㄩㄣ王ㄨㄤˊ天ㄊㄧㄢ下ㄒㄧㄚˋ事ㄕˋ，

贏ㄧㄥˊ得ㄉㄜˊ生ㄕㄥ前ㄑㄧㄢˊ身ㄕㄣ後ㄏㄡˋ[11]名ㄇㄧㄥˊ。

可ㄎㄜˇ憐ㄌㄧㄢˊ白ㄅㄞˊ髮ㄈㄚˇ生ㄕㄥ[12]！

8. 的盧：跑得快的馬

9. 霹靂：指射箭時的弓弦響聲

10. 了卻：了結、完成

11. 身後：死後

12. 白髮生：長出白髮，指變老

換個方式讀讀看

　　在醉酒的夜晚，怎麼也睡不著。為什麼醉後還是沒有辦法睡著呢？因為內心有一股興奮的力量；興奮一切都準備好了，只等天亮。

　　天一亮，我們就要和敵人作戰。

　　點起了燈，我把燈芯挑高，火光更大更明亮，那把隨身攜帶的長劍，就放在桌上，讓我仔細地從劍柄看到劍尾。這把劍，在戰場上護衛著我，這把劍，在深夜裡默默陪著我。它殺敵無數，現在輕輕地依偎在我身邊。

　　喝過了酒，再多的興奮，還是支撐不住，不知不覺中竟然睡著了。

　　在夢裡，戰場上，號角聲這邊響起、那邊響起，部隊的士氣隨著號角聲更加激昂。

　　八百里駐地的士兵，大家分食著煮熟的肉，各種不同的樂器，彈奏出雄壯的戰鬥樂曲。

　　吃完了肉，聽完了曲，大家排著隊伍，將軍就要來清點人數，一一叫出名字。在大聲回應的同時，也就等於答應拚了最後一口氣，最後一絲

力量，也要把勝利留在我們這邊──在這天氣微涼的秋天裡。

　　將軍一聲令下，快馬像風一般快速地往前衝呀！用最大的力氣把箭射向敵人，千萬支的利箭如雷電閃耀，發出驚人的聲響。

　　軍人，期待的就是這一刻。作戰，盼望的就是凱旋歸來。

　　在咤吒聲中苦戰多時，終於打敗敵人，把國家的威望重新建立起來。

　　這一場戰事，大家都沒有辜負君王的託付，也完成了將軍這輩子最重大的榮耀。每個人都會永遠記住這一場戰爭，記住將軍這一次光榮的事蹟，就算死後，他也會得到人民無上的崇敬。

　　但，我是那位馳騁戰場、百戰百勝、立下汗馬戰功的將軍嗎？只是一場夢罷了，那是我心中，永遠沒有達成的夢想。

　　這場夢，從我年輕時就住在我心的最深處，沒有一天消失過。如今，鏡子裡，我的白髮一一出現，但實現夢想的機會，卻從來沒有出現過。

原典

西江月——夜行黃沙道中

明月別枝驚鵲[1]，

清風半夜鳴蟬[2]。

稻花香裡說豐年[3]，

聽取蛙聲一片。

1. 驚鵲：驚起鵲鳥
2. 鳴蟬：蟬鳴
3. 豐年：豐收的年歲

七八箇星天外，
兩三點雨山前。
舊時茅店社林邊，
路轉溪橋忽見。

4. 箇：同「個」
5. 舊時：從前
6. 茅店：以茅草作為屋頂的小店
7. 社：土地廟
8. 林：樹林
9. 見：同「現」

換個方式讀讀看

　　夏天的夜晚，明亮的月光照在廣大無邊的大地，大地像白天一樣清晰。這麼光亮，讓鵲鳥們也不習慣，紛紛飛起，從這棵樹的樹枝移到另一棵樹的樹枝。

　　走到這裡，已是半夜，夜這麼深了，在涼風吹來的時候，在風中依然可以聽到蟬的鳴叫。細細長長、淒淒切切，讓所有的回憶都湧上心田。

　　在涼風吹動的同時，風中伴隨著稻花的香氣，一陣一陣地飄送。經過幾個月的耕耘、除草，這個夏天的時候，稻子開了花，淡淡的花香充滿了四周，只要稍微吸一口氣，就能夠聞到即將到來的收穫。當稻穀成熟，變為金黃一片的時候，一切辛苦就要獲得回報了。

　　再仔細聆聽，除了蟬聲外，更多的是青蛙鳴叫。這裡的稻田有、那邊的稻田裡也有，牠們好像整個晚上都可以不休息，也許牠們知道有人經過這兒，有人正在傾聽，所以更加賣力，興奮地演唱著。一聲一聲也預

告著，這將會是豐收的一年！

　夜更深，雲層也加厚了，月亮躲到雲的棉被裡，我一點也沒有察覺到，抬頭一看，遠處的天上只剩疏疏散散的幾顆星星，微微閃動著。前面的小山，也飄下了雨滴。

　我知道，再往前走，走過溪上的小橋，轉個彎，以前常會稍微停腳休息的茅草小店，以及土地公廟，都在高大的樹林邊，我走過這麼多次，這麼熟悉的地方，這次，就突然出現在我的眼前了！

　應該是我走來時，只顧著欣賞沿途的景物，不知不覺地來到這裡。只能說這夏天的夜景，太令人著迷，好像夢裡的情景一樣。

　你也可以回想看看，想想曾經有哪一次的夏天夜晚，獨自一個人，在涼風吹來的時候，一邊走，一邊望著鵲鳥，聽著蟬鳴，聞著稻花的香味，還有一大片，多到幾乎讓你無法呼吸的蛙叫聲！

西ㄒㄧ江ㄐㄧㄤ月ㄩㄝ——遣ㄑㄧㄢ興ㄒㄧㄥ

醉ㄗㄨㄟ裡ㄌㄧ且ㄑㄧㄝ貪ㄊㄢ歡ㄏㄨㄢ笑ㄒㄧㄠ，
要ㄧㄠ愁ㄔㄡ那ㄋㄚ得ㄉㄜ工ㄍㄨㄥ夫ㄈㄨ？
近ㄐㄧㄣ來ㄌㄞ始ㄕ覺ㄐㄩㄝ古ㄍㄨ人ㄖㄣ書ㄕㄨ，
信ㄒㄧㄣ著ㄓㄜ全ㄑㄩㄢ無ㄨ是ㄕ處ㄔㄨ[1]。

1. 全無是處：表面上否定古人的書，實則對現實不滿

昨夜松邊醉倒，

問松「我醉何如」[2]。

只疑松動要來扶，

以手推松曰「去」。

2. 何如：如何，什麼樣子

換個方式讀讀看

　　移居江西之後，我所有的豪情壯志，就只能寄託在詞中。欲報國而不得志的悲傷，無法收復宋朝失土的愁緒，總是盈滿心頭，揮之不去。

　　有時候，我喝得酩酊大醉，只是想追求喝醉時的歡笑，讓自己沒有時間、也沒有工夫發愁。憂愁已經太多，如何才能不發愁呢？只希望醉醺醺的情緒能抵擋排山倒海的憂思，解開內心糾結的鬱悶，把失意與憤懣都拋在腦後。

　　有時候，我翻閱那些從前念過的書，那些古聖先賢的話，免不了想發個牢騷：「這些書，到頭來全都不可信啊！」唉！那些至理名言，說什麼忠君愛國的大道理、又說什麼男兒應有鴻鵠大志，我曾將那些話牢牢謹記，以為自己也能以此報國。只是，看看現在的我，失去了戰場，失去了理想。過往的豐功偉業恍若雲煙，我只能在夢中懷念當年金戈鐵馬，在酒裡貪取些許歡笑。

昨晚我又喝得大醉，就這麼倒在松林中，倚著粗礪的樹幹，還問著松樹說：「你看看我，醉成了什麼樣子？」勉強地睜著迷濛的雙眼，依稀看到樹影搖曳，我還以為松樹想來扶我一把，省著點吧！我怎麼會需要人扶！我只是揮了揮手，想推開松樹，叫它走開。去去去！我才不要你扶呢！

　　我醉了嗎？是的。我醉成了這副模樣。只有在搖搖晃晃、迷迷濛濛的醉態中，我才能稍稍竊取這些得來不易的歡樂，才能從整日的憂愁中解脫，忘卻曾經意氣昂揚，拋開對大宋河山的日夜思念。

　　我醉了嗎？是的。我醉得說了氣話，還想指責那些聖賢，我醉得誤認松樹要來扶起醉倒的我，負氣地想將它推開。

　　可是我仍然清醒，我清醒地記著昔日的萬字平戎策，今日只剩種樹書。我清醒地記著無法實現北伐心願的落寞，隱居鄉野的感慨。

原典

清_{ㄑㄧㄥ}平_{ㄆㄧㄥ}樂_{ㄩㄝ}——村_{ㄘㄨㄣ}居_{ㄐㄩ}

茅_{ㄇㄠ}簷_{ㄧㄢ}¹低_{ㄉㄧ}小_{ㄒㄧㄠ}，

溪_{ㄒㄧ}上_{ㄕㄤ}青_{ㄑㄧㄥ}青_{ㄑㄧㄥ}²草_{ㄘㄠ}。

醉_{ㄗㄨㄟ}裡_{ㄌㄧ}吳_ㄨ音_{ㄧㄣ}³相_{ㄒㄧㄤ}媚_{ㄇㄟ}好_{ㄏㄠ}⁴，

白_{ㄅㄞ}髮_{ㄈㄚ}誰_{ㄕㄟ}家_{ㄐㄧㄚ}翁_{ㄨㄥ}媼_ㄠ⁵？

1. 茅簷：茅草做的屋頂
2. 青青：茂盛的樣子
3. 吳音：江南的口音
4. 媚好：美好
5. 翁媼：老先生與老太太

大兒鋤豆溪東，
中兒正織雞籠。
最喜小兒無賴[6]，
溪頭[7]臥[8]剝蓮蓬[9]。

6. 無賴：指無所事事、頑皮活潑
7. 溪頭：溪邊
8. 臥：躺著
9. 蓮蓬：蓮花開過之後，花托呈圓錐形，稱為蓮蓬，內有蓮子

換個方式讀讀看

　　茅草房屋雖然不大，但讓人特別想多看一眼；屋簷垂得低低的，如果下起雨來，好像一伸手，就可以接住雨滴。屋子後邊有條清澈的小溪，河岸上平整柔美的綠草，受到河水的滋養，青翠極了。

　　我在記憶裡面搜尋，一切都是這麼新奇，我一定是第一次來到這裡。

　　還在不斷回想的時候，我聽到有人在交談，是好聽的江南口音，又柔又細。兩個人一邊喝酒、一邊聊，應該是醉了。

　　我好奇地走過去，才知道這是一對老夫婦，他們就住在剛剛我看過的茅屋裡。這對熱情的老夫婦爭著問了我的來歷之後，便把他們的家人詳詳細細介紹了一番。

　　你看，在河東岸田裡的，是大兒子，這孩子從小最勤快，田裡需要體力的粗活一手承擔下來。忙完種田的事，還要把長得過快的野草拔掉。

個子再小一點的，在房子後邊土堆旁的那個，是老二。這孩子就是喜歡學做各項東西，家裡用得到的，斗笠、草鞋、蓑衣，兩隻手比我們的還要靈巧。看看他正忙著做什麼？他正在用竹片編雞籠，旁邊幾個完工的，就是他的手藝成品。

　　說是偏心，那還不至於，但我們夫婦兩人確實最疼愛最小的那個兒子，看他喜歡做什麼就做什麼，在忙什麼，我們也不想去管他。有時天一亮醒過來就出門去，一整天看不到人影是常有的事，好像比我們還要忙，要找他還真不容易呢！

　　呵，你看，往前看，看得到的河岸邊上，有個小影子。那躺在河岸，一邊玩、一邊剝開蓮蓬的，就是我們那小兒子啦！

原典

生查子——獨遊雨巖[1]

溪邊照影行，

天在清溪底。

天上有行雲，

人在行雲裡。

1.雨巖：地名，位江西永豐縣西南

高歌誰和余²？

空谷³清音⁴起。

非鬼亦非仙，

一曲桃花水⁵。

2. 余：我
3. 空谷：空寂的深谷
4. 清音：悠揚嘹亮的聲音
5. 桃花水：詞牌名

換個方式讀讀看

在溪邊獨自行走，影子也在溪裡出現，這不是一片小小的鏡子，那種握在手中，仔細地看看自己臉孔的小鏡子；這是一片大大的鏡子呵！這一大片溪水，如何把它整個捧在手上，把自己的眉、眼看個清楚呢？

有趣的是，不管走到哪裡，都照得見這片鏡子，我的影子始終都在這片鏡子裡。

廣闊的鏡面，容納進來的，不只是我的影子；又高又遠的天，廣大得沒有邊際，也映照在這片清澈無比的鏡子裡。溪水是怎麼容得下整片天空的呢？

遼闊的天空在溪水裡，水中的天空也映照著片片白雲，這是多麼有趣的畫面哪！我的影子在溪水裡、天空在溪水裡、白雲也在溪水裡，這時候的我，就好像踏著雲霞漫步。

對著美景，心就開朗了起來，我忍不住大聲唱起歌來。唱呀唱呀，感傷在這時也慢慢地靠攏了過來，如果這美好的景色只能獨賞，沒有好友在身邊作伴，一起高歌，那就少了一分情感，這是多麼的寂寞啊。

　　愈想愈傷懷，歌聲就愈激揚，在歌聲停止的那一刻，突然聽到對岸寬廣的山谷傳來一陣陣和聲。

　　在這四野無人的地方，這和聲是從哪裡來的呢？

　　難道是藏匿在山谷的鬼怪，還是隱身林間的神仙？讓我傾斜著身體，豎起耳朵仔細分辨。

　　後來才發現，呵呵，都不是，都不是，那是遠方河道彎曲的地方，溪水奔流時發出的聲響。除了仔細聽，也要仔細地看，看哪！遠遠的溪水兩岸，還長著成排的桃樹，豔紅的桃花正盛開著呢！

原典

青ㄑㄧㄥ 玉ㄩˋ 案ㄢˋ ── 元ㄩㄢˊ 夕ㄒㄧ

東ㄉㄨㄥ 風ㄈㄥ 夜ㄧㄝˋ 放ㄈㄤˋ 花ㄏㄨㄚ 千ㄑㄧㄢ 樹ㄕㄨˋ[1]，

更ㄍㄥ 吹ㄔㄨㄟ 落ㄌㄨㄛˋ 、星ㄒㄧㄥ 如ㄖㄨˊ 雨ㄩˇ[2]。

寶ㄅㄠˇ 馬ㄇㄚˇ[3] 雕ㄉㄧㄠ 車ㄔㄜ[4] 香ㄒㄧㄤ 滿ㄇㄢˇ 路ㄌㄨˋ。

鳳ㄈㄥˋ 簫ㄒㄧㄠ 聲ㄕㄥ 動ㄉㄨㄥˋ[5]，玉ㄩˋ 壺ㄏㄨˊ[6] 光ㄍㄨㄤ 轉ㄓㄨㄢˇ，

一ㄧ 夜ㄧㄝˋ 魚ㄩˊ 龍ㄌㄨㄥˊ[7] 舞ㄨˇ。

1. 花千樹：比喻燈火很多，像是千樹花開
2. 星如雨：比喻燈光閃耀
3. 寶馬：名貴的馬
4. 雕車：裝飾華麗的車輛
5. 鳳簫聲動：音樂開始演奏
6. 玉壺：美麗的燈籠
7. 魚龍：魚形、龍形的燈籠

蛾兒雪柳黃金縷[8]，

笑語盈盈[9]暗香去。

眾裡尋他千百度[10]，

驀然[11]回首[12]，那人却在，

燈火闌珊[13]處。

8. 蛾兒，雪柳，黃金縷：皆為女子飾物
9. 盈盈：笑的樣子
10. 千百度：千百次
11. 驀然：突然
12. 回首：回頭
13. 闌珊：稀落

換個方式讀讀看

　　在剛過完年的元宵節夜晚，東風已經開始拂動，雖然這輕柔的風兒，沒能讓所有的花都盛開，卻吹亮了樹上滿滿的、綿長好遠好遠的燈花，燈花在風裡閃動。黑夜上空也有陣陣煙火，這裡燃起、那裡爆開，更像是滿天的星光，不斷地散落下來。

　　在這熱鬧歡樂的夜晚，大家把最美麗最珍貴的東西都展現出來吧！高大英挺的駿馬，拉著裝飾華麗的車輛，叮叮咚咚地走過去，留下整條街道的香氣，那樣迷人、那般引人遐思。

　　在空氣中流動的，不是只有香味，還流動著優雅的簫聲。圓月也不想輸給那些小小的燈火，它把最柔媚、最美豔的色彩，投射到這凡間來。人們提著魚形、龍形各式各樣的燈籠，四處散步。

　　戴著圓潤的珠寶、蛾形的頭簪，身上佩帶像雪柳一樣的玉珮、手拿著

鵝黃色的柳條，美麗女子們，一群一群地走過。她們細聲談笑，往路的另一頭走去，消失在遠處，只留下淡淡的清香，飄散在四周。

這麼多的女子，都不是我在意的人。天剛暗下來的時候，我就看到一位令我心動的美女，她也走在人群裡，和她的姊妹們一起談笑散步。

但是一轉眼，她就消散在人群中。我來來回回地尋覓，懷疑她已經從這個燈會裡消失不見了。甚至，我真的看過這個美麗的女子嗎？還是只是我的幻想呢？就在我想要放棄，轉身就此離去的瞬間，我一回過頭，就遠遠地看見她。我今晚不停追尋的女子，她沒有遠離。

在我就要放棄之前，再度出現在我眼前。她在燈火稀少的一個角落，也在四處張望。

就是她沒錯，她在等待什麼？她看到我了嗎？她是不是也在尋找我？

原典

玉樓春 ——戲賦雲山

何人半夜推山去？
四面浮雲猜是汝[1]。
常時[2]相對兩三峰，
走遍溪頭[3]無覓[4]處。

1. 汝：你
2. 常時：平時
3. 溪頭：溪邊
4. 覓：尋找

西風瞥起雲橫度，
忽見東南天一柱。
老僧拍手笑相夸，
且喜青山依舊住。

5. 瞥：突然、迅速
6. 度：通過
7. 住：存在

換個方式讀讀看

　　到底是誰？到底是誰在三更半夜，趁著四下無人的時候，把整座高聳的山搬移得無影無蹤？

　　等我把情緒調整好，把剛剛受到的驚嚇稍微壓下，眼睛完全適應黑夜後，才看到四面八方湧起了雲霧。雲霧無所不在地遮掩了一切，我可以猜出，這是誰做的好事，像小孩子一樣頑皮的，還會有誰？

　　就是你！飄在我四周的雲霧，是你的傑作，也只有你有這樣的本事，有這樣的能力做得出來，對不對！平常抬頭就可看見的兩三座高峰，時常在我面前打坐，我也在它們的面前打坐。

　　今天晚上我睡不著，就起來走走吧，沒想到，一推開門，就發生這種讓我連魂都嚇飛了的事情。

　　那堅定不移的高山，怎麼可能一夜之間就被搬走？我還特別往河的上游去找找看，但任憑我再怎麼尋覓，偏偏就是連影子也找不到。

突然間吹起的西風，也吹散了我心中的疑惑。西風運用了手腕的力量，慢慢地用力，大片的雲層也跟著慢慢地移動。當雲層橫越了大半個天空之後，突然間，一切都有了答案。

　　在那東南邊，雲層先被移開的地方，出現一座像竹筍一樣挺立的高山。那不就是我尋找的高山嗎？

　　從我失神無助到恍然大悟的這段時間，還有個人在我的身邊，但是我都沒有察覺到。等到我確定這都是雲霧玩的把戲之後，那個人才出聲，對我這樣半夜裡四處尋找山嶺的幼稚行為，拍手大笑。應該是在深山裡修行練功的老僧人吧！

　　這半夜裡的種種事件，讓我所有的睡意全跑光了。啊，不管了，只要我眼前的這些嫵媚無比的山依然不變，還可以陪我打坐對望，我就高興萬分了。剛剛就當作是好朋友出門遠遊，現在，他又回到我的身旁了。

當辛棄疾的朋友

大家都說辛棄疾是個英雄，稱讚他是個愛國的熱血青年。但是，成為英雄的辛棄疾卻有許多辛酸，還有滿肚子的憂愁心事。

辛棄疾有滿腔的抱負，他想收復國家的失土，想說服宋朝皇帝出兵，讓他能與北方那些金人決鬥一番。他想做的一切，都是為了要好好保護虛弱的宋朝。只是，他的豪情壯志讓他成為了一個孤獨的英雄，無法達成夢想，只能向好友傾訴、寫詞抒發憂鬱的心情。

現在發現了吧？英雄可真是不好當！那麼，當英雄的朋友呢？

當辛棄疾的朋友，他會讓你看見寫詞是一件多"man"的事。他也許會告訴你，文學可以很溫柔，也能夠很豪邁。他可能還會告訴你，寫詞就是要痛痛快快地說出那些壯志和鬱悶！

當辛棄疾的朋友，他會讓你看見英雄不是嘴巴上說說而已。他也許會分享帶隊練兵的秘訣，就像現在的球隊教練一樣，他可能還會與你一起討論如何鼓勵士兵，要怎麼維持高昂的鬥志。

當辛棄疾的朋友，你會看到他的英雄形象，還有他的孤單心事。也許你可以陪他聊聊天，說說話，讓他知道，他雖然當不成收復失土的抗金英雄，卻成為永遠的詞中豪傑。

當時的大臣都忽略辛棄疾的主張，當時的皇帝也看不到辛棄疾多有想完成抗金這個迫切的任務。如果你當了這位英雄的朋友，你也許可以拍拍他的肩膀安慰他，跟他說：「我看到你的努力了喔！」

我是大導演

看完了辛棄疾的故事之後，
現在換你當導演。
請利用紅圈裡面的主題（夢想），
參考白圈裡的例子（例如：童年），
發揮你的聯想力，
在剩下的三個白圈中填入相關的詞語，
並利用這些詞語畫出一幅圖。

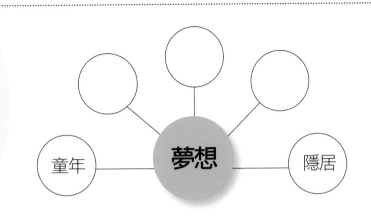

◎ 少年是人生開始的階段。因此，少年也是人生最適合閱讀經典的時候。

因為，這個時候讀經典，可以為將來的人生旅程準備豐厚的資糧。

因為，這個時候讀經典，可以用輕鬆的心情探索其中壯麗的天地。

◎ 【經典少年遊】，每一種書，都包括兩個部分：「繪本」和「讀本」。

繪本在前，是感性的、圖像的，透過動人的故事，來描述這本經典最核心的精神。

小學低年級的孩子，自己就可以閱讀。

讀本在後，是理性的、文字的，透過對原典的分析與說明，讓讀者掌握這本經典最珍貴的知識。

小學生可以自己閱讀，或者，也適合由家長陪讀，提供輔助說明。

001 詩經　最早的歌
Book of Odes:The Earliest Collection of Songs
原著／無名氏　原典改寫／唐香燕　故事／比方　繪圖／AU

聽！誰在唱著歌？「關關雎鳩，在河之洲，窈窕淑女，君子好逑。」這是兩千多年前的人民，他們辛苦工作、努力生活，把喜怒哀樂都唱進歌裡頭，也唱成了《詩經》。這是遙遠從前的人們，為自己唱的歌。

002 屈原　不媚俗的楚大夫
Ch'ü Yüan:The Noble Liegeman
原著／屈原　原典改寫／詹凱婷　故事／張瑜珊　繪圖／灰色獸

如果說真話會被討厭、還會被降職，誰還願意說出內心話？屈原卻仍然說著：「是的，我願意。」屈原的認真固執，讓他被流放到遠方。他只能把自己的真心話寫成《楚辭》，表達心中的苦悶和難過。

003 古詩十九首　亂世的悲歡離合
Nineteen Ancient Poems:Poetry in Wartime
原著／無名氏　原典改寫／康逸藍　故事／張瑜珊　繪圖／吳孟芸

蕭統喜歡文學，喜歡蒐集優美的作品。這些作品是「古詩十九首」，不知道作者是誰，也無法確定究竟來自何時。當蕭統遇見「古詩十九首」，他看見離別的人，看見思念的人，還看見等待的人。

004 樂府詩集　說故事的民歌手
Yuefu Poetry:Tales that Sing
編者／郭茂倩　原典改寫／劉湘湄　故事／比方　繪圖／崗先生

《樂府詩集》是古老的民歌，唱著花木蘭代父從軍的勇敢，唱出了採蓮遊玩的好時光。如果不是郭茂倩四處蒐集，將五千多首詩整理成一百卷，我們今天怎麼有機會感受到這些民歌背後每一則動人的故事？

005 陶淵明　田園詩人
T'ao Yüan-ming:The Pastoral Poet
原著／陶淵明　原典改寫／唐香燕　故事／鄧芳喬　繪圖／黃雅玲

陶淵明不喜歡當官，不想為五斗米折腰。他最喜歡的生活就是早上出門耕作，空閒的時候看書寫詩，跟朋友喝點酒，開心就大睡一場。閱讀陶淵明的詩，我們也能一同享受關於他的，最美好的生活。

006 李白　長安有個醉詩仙
Li Po:The Drunken Poet
原著／李白　原典改寫／唐香燕　故事／比方　繪圖／謝祖華

要怎麼稱呼李白？是詩仙，還是酒仙？是浪漫的劍客，還是頑皮的大孩子？寫詩是他最出眾的才華，酒與月亮是他的最愛。李白總說著「人生得意須盡歡」，還說「欲上青天攬明月」，那就是他的任性、浪漫與自由。

007 杜甫　憂國的詩聖
Tu Fu:The Poet Sage
原著／杜甫　原典改寫／周姚萍　故事／鄧芳喬　繪圖／王若齊

為什麼詩人杜甫這麼不開心？因為當時的唐朝漸漸破敗，又是戰爭，又是饑荒，杜甫看著百姓失去親人，流離失所。他像是來自唐朝的記者，為我們報導了太平時代之後的動亂，我們看見了小老百姓的真實生活。

008 柳宗元　曠野寄情的旅行者
Liu Tsung-yüan:The Travelling Poet
原著／柳宗元　原典改寫／岑澎維　故事／張瑜珊　繪圖／陳尚仁

柳宗元年輕的時候就擁有好多夢想，等待實現。幾年之後，他卻被貶到遙遠的南方。他很失落，卻沒有失去對生活的希望。他走進永州的山水，聽樹林間的鳥叫聲，看湖面上的落雪，記錄南方的風景和生活。

◎ 【經典少年遊】，我們先出版一百種中國經典，共分八個主題系列：
　詩詞曲、思想與哲學、小說與故事、人物傳記、歷史、探險與地理、生活與素養、科技。
　每一個主題系列，都按時間順序來選擇代表性的經典書種。

◎ 每一個主題系列，我們都邀請相關的專家學者擔任編輯顧問，提供從選題到內容的建議與指導。
　我們希望：孩子讀完一個系列，可以掌握這個主題的完整體系。讀完八個不同主題的系列，
　可以不但對中國文化有多面向的認識，更可以體會跨界閱讀的樂趣，享受知識跨界激盪的樂趣。

◎ 如果說，歷史累積下來的經典形成了壯麗的山河，那麼【經典少年遊】就是希望我們每個人
　都趁著年少，探索四面八方，拓展眼界，體會山河之美，建構自己的知識體系。
　少年需要遊經典。
　經典需要少年遊。

009 李商隱　情聖詩人
Li Shang-yin:Poet of Love
原著／李商隱　原典改寫／唐香燕　故事／張瓊文　繪圖／馬樂原

「春蠶到死絲方盡，蠟炬成灰淚始乾。」這是李商隱最出名的情詩。他在山上遇見一個美麗宮女，不僅為她寫詩，還用最溫柔的文字說出他的想念。雖然無法在一起，可是他的詩已經成為最美麗的信物。

010 李後主　思鄉的皇帝
Li Yü:Emperor in Exile
原著／李煜　原典改寫／劉思源　故事／比方　繪圖／查理宛豬

李後主是最有才華的皇帝，也是命運悲慘的皇帝。他的天真善良，讓他當不成一個好君主，卻成為我們心中最溫柔善感的詞人，也總是讓我們跟著他嘆息：「問君能有幾多愁，恰似一江春水向東流。」

011 蘇軾　曠達的文豪
Su Shih:The Incorrigible Optimist
原著／蘇軾　原典改寫／劉思源　故事／張瑜珊　繪圖／桑德

誰能精通書畫，寫詩詞又寫散文？誰不怕挫折，幽默頑皮面對每一次困境？他就是蘇軾。透過他的作品，我們看到的不僅是身為「唐宋八大家」的出色文采，更令人驚嘆的是他處處皆驚喜與享受的生活態度。

012 李清照　中國第一女詞人
Li Ch'ing-chao:The Preeminent Poetess of China
原著／李清照　原典改寫／劉思源　故事／鄧芳喬　繪圖／蘇力卡

李清照與丈夫趙明誠雖然不太富有，卻用盡所有的錢搜集古字畫，帶回家細細品味。只是戰爭發生，丈夫過世，李清照像落葉一樣飄零，所有的難過，都只能化成文字，寫下一句「簾捲西風，人比黃花瘦」。

013 辛棄疾　豪放的英雄詞人
Hsin Ch'i-chi:The Passionate Patriot
原著／辛棄疾　原典改寫／岑澎維　故事／張瑜珊　繪圖／陳柏龍

辛棄疾，宋代的愛國詞人。收回被金人佔去的領土，是他的夢想。他把這個夢想寫進詞裡，成為豪放派詞人的代表。看他的故事，我們可以感受「氣吞萬里如虎」的氣勢，也能體會「卻道天涼好箇秋」的自得。

014 姜夔　愛詠梅的音樂家
Jiang K'uei:Plum Blossom Musician
原著／姜夔　原典改寫／嚴淑女　故事／張瓊文　繪圖／57

姜夔是南宋詞人，同時也是音樂家，不僅自己譜曲，還留下古代的樂譜，將古老的旋律流傳到後世。他的文字優雅，正如同他敏感細膩的心思。他的創作，讓我們理解了萬物的有情與奧妙。

015 馬致遠　歸隱的曲狀元
Ma Chih-yüan:The Carefree Playwright
原著／馬致遠　原典改寫／岑澎維　故事／張瓊文　繪圖／簡漢平

「枯藤老樹昏鴉，小橋流水平沙」，是元曲家馬致遠最出名的作品，他被推崇為「曲狀元」。由於仕途不順，辭官回家。這樣曠達的思想，讓馬致遠的作品展現豪情，被推崇為元代散曲「豪放派」的代表。

經典 ○
少年遊

youth.classicsnow.net

013
辛棄疾 豪放的英雄詞人
Hsin Ch'i-chi
The Passionate Patriot

編輯顧問（姓名筆劃序）
王安憶　王汎森　江曉原　李歐梵　郝譽翔　陳平原
張隆溪　張臨生　葉嘉瑩　葛兆光　葛劍雄　鄭培凱

原著：辛棄疾
原典改寫：岑澎維
故事：張瑜珊
封面繪圖：陳柏龍　黃加蓉
內頁繪圖：陳柏龍

主編：冼懿穎
編輯：張瑜珊　張瓊文　鄧芳喬
美術設計：張士勇　倪孟慧
校對：呂佳真

企畫：網路與書股份有限公司
出版者：大塊文化出版股份有限公司
台北市10550南京東路四段25號11樓
www.locuspublishing.com
讀者服務專線：0800-006689
TEL：+886-2-87123898
FAX：+886-2-87123897
郵撥帳號：18955675
戶名：大塊文化出版股份有限公司
法律顧問：全理法律事務所董安丹律師

總經銷：大和書報圖書股份有限公司
地址：新北市新莊區五工五路2號
TEL：+886-2-8990-2588
FAX：+886-2-2290-1658
製版：沈氏藝術印刷股份有限公司

初版一刷：2012年10月
定價：新台幣299元